ETF - Exchange Trade Fund
Guida Completa per Investire in Modo Intelligente

Funds Sage

INTRODUZIONE

Sommario dettagliato

Introduzione
Breve panoramica sull'importanza dell'investimento finanziario.
Spiegazione dei vantaggi degli ETF rispetto ad altre forme di investimento.

Capitolo 1: Fondamenti degli ETF
Definizione e spiegazione degli Exchange-Traded Fund.
Storia e evoluzione degli ETF.

Capitolo 2: Perché Investire in ETF?
Vantaggi degli ETF rispetto ad altri strumenti di investimento.
Diversificazione e riduzione del rischio.

Capitolo 3: Come Funzionano gli ETF
Spiegazione dettagliata della struttura e del funzionamento degli ETF.
Creazione e riscatto delle quote.

Capitolo 4: Tipologie di ETF

4.1 ETF Azionari: Spiegazione degli ETF che seguono gli indici azionari.
Analisi delle differenze tra ETF settoriali, ETF di mercato ampio e ETF di singoli settori.

4.2 ETF Obbligazionari:
Introduzione agli ETF che seguono indici obbligazionari.

Discussione delle diverse categorie di obbligazioni che possono essere incluse in questi ETF

4.3 ETF Settoriali e Tematici:
Approfondimento sugli ETF che si concentrano su settori specifici o tematiche particolari.
Esempi di settori o tematiche, come tecnologia, salute, energia rinnovabile, ecc.

4.4 ETF Commodity:
Spiegazione degli ETF legati a materie prime come oro, argento, petrolio, ecc.
Considerazioni sulle dinamiche del mercato delle commodities e come influenzano gli ETF.

4.5 ETF Alternativi:
Discussione sugli ETF che investono in asset diversi da azioni, obbligazioni o commodities, come immobiliare o infrastrutture.
Considerazioni sull'opportunità di includere tali ETF in un portafoglio diversificato.

Capitolo 5: Come Scegliere gli ETF Giusti
Analisi delle diverse categorie di ETF.
Considerazioni sulla liquidità, spread e tracking error.

Capitolo 6: Commissioni e Costi Associati.
Analisi delle commissioni di gestione e altri costi associati agli ETF. Come minimizzare i costi e massimizzare i rendimenti.

Capitolo 7: Strategie di Investimento con gli ETF
Approfondimento delle strategie di investimento, come il passive investing e il tactical investing.

Come creare un portafoglio diversificato utilizzando gli ETF.

Capitolo 8: Rischi e Sfide

Discussione dei rischi associati agli ETF.
Come mitigare i rischi e proteggere il proprio investimento.

Capitolo 9: Studi di Caso e Successi

Esaminare alcuni esempi di successo di investitori che hanno ottenuto risultati positivi utilizzando gli ETF.

Capitolo 10: Consigli Pratici e Conclusioni

Suggerimenti pratici per gli investitori principianti.
Riassunto dei concetti chiave e consigli finali.

Conclusioni

INTRODUZIONE

L'Affascinante Mondo degli ETF

Dentro il vasto universo finanziario, gli Exchange-Traded Fund (ETF) emergono come una forma d'investimento innovativa, capace di offrire opportunità e flessibilità a investitori di ogni livello di esperienza. È con questo spirito di scoperta che vi invito a esplorare insieme il mondo affascinante degli ETF, dove la diversificazione, la trasparenza e la semplicità si fondono per creare un veicolo di investimento unico nel suo genere.

La Semplicità degli ETF: Cos'è e Come Funzionano

Gli ETF rappresentano una via di mezzo tra un fondo comune d'investimento e un'azione quotata in borsa. Questi veicoli finanziari, nati negli anni '90, si sono evoluti nel corso del tempo, diventando un'opzione popolare per coloro che cercano un modo efficiente ed economico per investire. Ma cosa rende gli ETF così speciali?

A differenza di altri strumenti d'investimento, gli ETF offrono un modo semplice ed efficace per ottenere una diversificazione istantanea. Quando acquistate un ETF, state acquistando effettivamente una parte di un portafoglio diversificato di asset, che può comprendere azioni, obbligazioni o altri strumenti finanziari. Questo significa che potete godere dei benefici della diversificazione senza la complessità di gestire un portafoglio di singoli titoli.

Il Concetto di Diversificazione Automatica

Il cuore degli ETF è la diversificazione automatica. In un mondo finanziario in costante evoluzione, ridurre il rischio attraverso la distribuzione del capitale su un ampio spettro di asset è cruciale. Gli ETF semplificano questa missione, offrendo agli investitori la possibilità di possedere una porzione di un mercato senza dover selezionare singole azioni o obbligazioni. Questa caratteristica diventa particolarmente preziosa quando si cerca di navigare attraverso le varie sfaccettature del mercato.

Un'Analisi dei Vantaggi Gli ETF

Perché scegliere gli ETF rispetto ad altre opzioni di investimento? I vantaggi sono molteplici. Oltre alla diversificazione automatica, gli ETF spesso presentano commissioni di gestione inferiori rispetto ai fondi comuni tradizionali, permettendo agli investitori di mantenere una percentuale maggiore dei propri rendimenti. La loro struttura liquida, scambiata in borsa come le azioni, offre flessibilità e accessibilità agli investitori di tutti i livelli.

Dagli Inizi al Presente: L'Evolution Gli ETF

Per comprendere appieno il significato degli ETF oggi, è utile fare un breve viaggio nella loro storia. Nati come strumenti focalizzati su indici azionari di base, gli ETF hanno attraversato un'evoluzione notevole. Da veicoli basati su indici, si sono trasformati in strumenti flessibili in grado di seguire temi specifici, settori emergenti e strategie alternative di investimento. Questa crescita riflette non solo la loro adattabilità ma anche la crescente domanda da parte degli investitori moderni di accedere a un ventaglio più ampio di opportunità attraverso un unico strumento.

In questo viaggio attraverso il mondo degli ETF, esploreremo dettagliatamente le diverse categorie e strategie che questi strumenti offrono. Il nostro obiettivo è guidarvi attraverso il labirinto degli ETF, consentendovi di comprendere appieno il loro potenziale e come integrarli in modo efficace nelle vostre strategie d'investimento. Preparatevi a immergervi in questo mondo ricco di opportunità, dove la chiarezza e la consapevolezza finanziaria vi guideranno attraverso ogni passo del percorso. Siete pronti a iniziare questa avventura?

CAPITOLO PRIMO

Fondamenti degli ETF - Un Viaggio nel Cuore della Rivoluzione Finanziaria

Benvenuti in un viaggio attraverso gli intricati sentieri degli Exchange-Traded Fund (ETF), le stelle del firmamento finanziario moderno. Nei prossimi paragrafi, esploreremo le radici, la definizione e l'evoluzione di questi strumenti rivoluzionari che hanno cambiato il modo in cui pensiamo e partecipiamo agli investimenti.

Definizione e Anatomia degli ETF
Gli Exchange-Traded Fund (ETF) sono organismi finanziari ibridi, una fusione armoniosa tra fondi comuni di investimento e azioni negoziate in borsa. Questi veicoli unici consentono agli investitori di acquistare e vendere quote del fondo in qualsiasi momento durante la giornata di negoziazione, riflettendo l'andamento dell'indice o del paniere di asset sottostanti. In termini più semplici, gli ETF offrono l'opportunità di possedere una piccola fetta di un portafoglio diversificato senza la complicazione di dover gestire ogni singolo titolo.

Il Cammino Storico degli ETF

Per capire appieno la portata degli ETF, dobbiamo immergerci nella loro storia. Gli albori di questi strumenti risalgono agli anni '90, quando il primo ETF, l'SPDR S&P 500 (SPY), ha fatto il suo ingresso sul mercato nel 1993. Inizialmente, gli ETF erano veicoli relativamente semplici, focalizzati principalmente su indici azionari di base.

Tuttavia, la loro crescita e sviluppo nel corso degli anni hanno segnato un cambiamento sismico nel panorama degli investimenti. Da strumenti specializzati, gli ETF sono diventati una vasta gamma di veicoli di investimento, coprendo un'incredibile diversità di asset, settori, e strategie.

La Magia degli ETF nei Casi d'Uso

Per penetrare nella vera essenza degli ETF, esaminiamo alcuni scenari d'uso concreti:

Diversificazione Intuitiva: Immaginate di voler investire in un ampio indice come il S&P 500. Acquistare ogni singola azione sarebbe una sfida logistica e costosa. Gli ETF semplificano il processo, consentendo agli investitori di possedere una quota dell'intero indice con un singolo trade.

Settori in Prima Fila: Se siete ottimisti sul futuro di un settore specifico, come la tecnologia o le energie rinnovabili, potete utilizzare ETF settoriali per investire in modo mirato senza la complessità di scegliere singole aziende.

Gestione del Rischio: Per coloro che cercano di mitigare il rischio attraverso una distribuzione equilibrata di azioni e obbligazioni, gli ETF che seguono portafogli bilanciati possono essere una soluzione pragmatica.

Oltre la Superficie: L'Evolution Continua degli ETF

La storia degli ETF non è solo una cronologia di eventi passati; è un racconto di adattamento continuo. Mentre gli ETF erano inizialmente focalizzati sugli indici azionari, la loro crescita ha portato a una vasta gamma di opzioni. Gli ETF oggi coprono azioni, obbligazioni, settori specifici, temi di investimento e persino strategie alternative, dando agli investitori una flessibilità senza precedenti.

Conclusioni Preliminari: Gli ETF Come Artigiani dell'Investimento

In questa panoramica introduttiva, abbiamo spiegato la definizione e l'anatomia degli ETF, risalendo alle loro origini e gettando uno sguardo critico sulla loro evoluzione. Gli ETF non sono solo veicoli di investimento; sono artigiani che plasmano il modo in cui concepiamo e partecipiamo al mondo degli investimenti.

Nei prossimi capitoli, ci addentreremo ulteriormente nelle diverse categorie di ETF, esplorando come questi strumenti dinamici possano essere impiegati in modo efficace per costruire portafogli adatti alle esigenze degli investitori moderni. Siete pronti a immergervi ancora di più in questo mondo di possibilità finanziarie? Continuate a leggere per scoprire il prossimo capitolo di questa emozionante avventura finanziaria.

CAPITOLO SECONDO

Categorie di ETF - Esplorando l'Universo dell'Investimento

Benvenuti nel secondo capitolo del nostro viaggio nel mondo degli Exchange-Traded Fund (ETF). In questo capitolo, esploreremo approfonditamente le ragioni per cui sempre più investitori stanno abbracciando gli ETF come parte integrante delle proprie strategie d'investimento. Scopriremo i vantaggi distintivi che gli ETF offrono rispetto ad altri strumenti di investimento e come possono contribuire a plasmare un portafoglio più solido e resistente.

Vantaggi degli ETF: Una Rivoluzione nell'Investimento Gli ETF hanno scosso il mondo degli investimenti, offrendo una serie di vantaggi unici che li distinguono da altri strumenti. Esaminiamo da vicino alcuni di questi vantaggi fondamentali:

Costi Ridotti: Gli ETF spesso presentano commissioni di gestione inferiori rispetto ai fondi comuni di investimento tradizionali. Questo significa che gli investitori possono mantenere una percentuale maggiore dei propri rendimenti nel lungo periodo.

Liquidità e Flessibilità: Essendo negoziati in borsa, gli ETF offrono un'elevata liquidità. Gli investitori possono comprare o vendere quote in qualsiasi momento durante le ore di mercato, fornendo flessibilità e controllo sulle loro posizioni.

Trasparenza: Gli ETF forniscono una maggiore trasparenza rispetto ad altri strumenti. Poiché seguono indici specifici, gli investitori possono monitorare facilmente la composizione del portafoglio e comprendere dove il loro denaro è investito.

Diversificazione Automatica: Uno dei principali vantaggi degli ETF è la possibilità di ottenere una diversificazione istantanea. Acquistando una quota di un ETF, gli investitori ottengono esposizione a un ampio paniere di asset, riducendo il rischio associato a investire in singoli titoli. Uno dei concetti chiave che rende gli ETF attraenti è la diversificazione automatica. Questo meccanismo consente agli investitori di possedere una piccola fetta di un portafoglio ampiamente diversificato, senza la necessità di selezionare singole azioni o obbligazioni. La diversificazione riduce il rischio associato a eventi specifici di mercato o a prestazioni deludenti di singole aziende.

Riduzione del Rischio di Mercato:

Investire in un singolo titolo può comportare rischi considerevoli, poiché la performance di quell'azienda influenzerà direttamente il valore dell'investimento. Gli ETF, che tracciano un indice o un paniere di asset, distribuiscono il rischio su un'ampia gamma di titoli, contribuendo a ridurre l'impatto di un singolo evento sul portafoglio complessivo.

Settori e Regioni:

Gli ETF offrono la possibilità di diversificare non solo tra asset, ma anche tra settori e regioni geografiche. Questo è particolarmente prezioso quando alcuni settori o regioni stanno performando meglio di altri. Gli investitori possono bilanciare il portafoglio per sfruttare le opportunità emergenti o mitigare il rischio in settori in difficoltà.

Un'Analisi Pratica: Come Gli ETF Cambiano il Gioco
Per rendere più tangibili questi vantaggi, consideriamo un esempio pratico: Supponiamo di voler investire nel settore tecnologico.

Tradizionalmente, avresti dovuto selezionare singole azioni di aziende tech, gestendo attentamente il portafoglio per evitare una sovraesposizione a un'azienda specifica. Con un ETF settoriale tecnologico, come l'iShares Global Tech ETF (IXN), puoi ottenere esposizione a una varietà di aziende tech leader in un singolo trade. Questo offre diversificazione, riduzione del rischio e facilità di gestione, tutto in un colpo solo.

Gli ETF Come Pilastri della Strategia d'Investimento

In questo capitolo, abbiamo esplorato in profondità i motivi per cui gli investitori dovrebbero considerare gli ETF come pilastri fondamentali delle loro strategie d'investimento. Dai costi ridotti alla diversificazione automatica, gli ETF offrono un insieme unico di vantaggi che li rendono strumenti potenti nella costruzione di un portafoglio resiliente.

Nel prossimo capitolo, ci spingeremo oltre, esaminando le strategie specifiche di investimento che gli ETF possono supportare. Continuate a leggere per scoprire come integrare efficacemente questi strumenti dinamici nella vostra ricerca di successo finanziario.

CAPITOLO TERZO

Come Funzionano gli ETF - L'Ingegneria Finanziaria alla Portata di Tutti

Benvenuti nel terzo capitolo del nostro viaggio nel mondo degli Exchange-Traded Fund (ETF). In questo capitolo, esploreremo a fondo la struttura e il funzionamento degli ETF, svelando i meccanismi che li rendono uno strumento unico e accessibile agli investitori di ogni livello.

La Struttura degli ETF: Un'Innovazione Finanziaria
Gli ETF sono progettati per offrire la diversificazione di un fondo comune di investimento con la flessibilità e la liquidità di un'azione. Per comprendere appieno come ciò sia possibile, dobbiamo analizzare la loro struttura fondamentale.

Creazione e Riscatto delle Quote: L'Arte della Creazione di Mercato

Gli ETF si basano su un processo noto come "creazione di mercato". Le istituzioni finanziarie autorizzate, chiamate "creators" o "authorized participants," sono autorizzate a creare nuove quote dell'ETF o a riscattarle. Questo processo mantiene il prezzo di mercato dell'ETF allineato al suo valore patrimoniale netto (NAV).

Creazione di Nuove Quote: Quando c'è domanda di nuove quote di un ETF, i creator acquistano un paniere rappresentativo degli asset sottostanti dell'ETF. Questi possono essere azioni, obbligazioni o altri strumenti finanziari.

Riscatto di Quote Esistenti: Quando gli investitori vendono le loro quote, i creator possono riscattarle restituendo il paniere di asset sottostanti. In entrambi i casi, questo processo mantiene il prezzo delle quote dell'ETF allineato al valore reale degli asset posseduti dall'ETF.

Come Funzionano le Quote ETF: I Dettagli Tecnici
Le quote degli ETF sono comprate e vendute in borsa proprio come le azioni di una società. Il prezzo delle quote è determinato dalla domanda e dall'offerta di mercato, ma è influenzato anche dal valore dell'indice o del paniere di asset sottostanti.

Spread e Liquidità: Le Chiavi della Negoziabilità

Spread di Mercato: Lo spread rappresenta la differenza tra il prezzo al quale è possibile acquistare (domanda) e vendere (offerta) una quota dell'ETF. Gli ETF con uno spread ridotto sono generalmente considerati più liquidi.

Liquidità: La liquidità si riferisce alla facilità con cui le quote di un ETF possono essere acquistate o vendute senza influire significativamente sul loro prezzo. Gli ETF altamente liquidi offrono una maggiore flessibilità agli investitori.

Gestione Passiva e Indicizzazione: Il Cuore degli ETF
Gli ETF si distinguono per la loro gestione passiva, spesso indicizzata. Ciò significa che seguono un indice specifico anziché affidarsi a un gestore attivo per selezionare e gestire gli asset del portafoglio.

Vantaggi dell'Indicizzazione:
Costi Ridotti: La gestione passiva riduce i costi di gestione, poiché non richiede un costante monitoraggio e selezione attiva degli asset.
Trasparenza: Gli investitori possono facilmente comprendere quali asset sono inclusi nell'ETF, poiché seguono un indice pubblicamente noto.
Risultati Prevedibili: Gli ETF indicizzati mirano a replicare l'andamento dell'indice di riferimento, offrendo risultati prevedibili in linea con il mercato di riferimento.

Esempi Pratici: Un'Immersione nei Dettagli
Per rendere più tangibili questi concetti, consideriamo un esempio pratico con l'SPDR S&P 500 ETF (SPY). Questo ETF mira a seguire l'andamento dell'indice S&P 500, che rappresenta le 500 principali società statunitensi.

Creazione di Nuove Quote: Se la domanda di quote SPY aumenta, i creator acquistano azioni rappresentative delle società nel S&P 500 per creare nuove quote SPY.
Riscatto di Quote Esistenti: Se gli investitori vendono quote SPY, i creator possono riscattarle restituendo le azioni del S&P 500 al posto delle quote SPY.

In questo capitolo, abbiamo esplorato la struttura e il funzionamento degli ETF, svelando l'ingegneria finanziaria che rende possibile questo strumento unico. Dalla creazione di mercato alla gestione passiva, gli ETF offrono una combinazione di caratteristiche che li rendono una scelta intrigante per gli investitori di ogni livello di esperienza.
Nel prossimo capitolo, esamineremo le diverse tipologie di ETF disponibili sul mercato, analizzando come ciascuna categoria può essere utilizzata per plasmare un portafoglio diversificato e adatto agli obiettivi di investimento di ogni individuo. Preparatevi per un'immersione nel vasto universo degli ETF, dove le possibilità di costruire un portafoglio su misura sono tanto ampie quanto la vostra immaginazione finanziaria.

CAPITOLO QUARTO

Tipologie di ETF

Benvenuti nel quarto capitolo del nostro viaggio dedicato agli Exchange-Traded Fund (ETF). In questo capitolo, approfondiremo la vasta categoria degli ETF Azionari, esaminando le loro sottocategorie e comprendendo come siano impiegati dagli investitori per ottenere esposizione al mondo dinamico del mercato azionario.

- *ETF Azionari - Un Tuffo nel Cuore dei Mercati Finanziari*

Gli ETF Azionari sono tra le categorie più diffuse e popolari, offrendo agli investitori un modo efficace per partecipare al rendimento delle azioni senza la necessità di selezionare titoli individuali. Questi strumenti sono progettati per tracciare l'andamento di specifici indici azionari o settori del mercato. Esaminiamo da vicino alcune delle sottocategorie più significative.

ETF di Mercato Ampio: Seguire il Battito Cardiaco dell'Economia

Gli ETF di mercato ampio, come l'SPDR S&P 500 ETF (SPY) che replica l'indice S&P 500, forniscono esposizione a un'ampia gamma di aziende. Questi ETF sono ideali per coloro che cercano un investimento diversificato e desiderano seguire l'andamento generale del mercato azionario statunitense.

Utilizzo Pratico: Gli investitori spesso utilizzano ETF di mercato ampio come base del loro portafoglio azionario, ottenendo esposizione a grandi capitalizzazioni, medio e piccole imprese all'interno di un'unica operazione.

ETF Settoriali: Navigare tra le Onde di Crescita

Gli ETF Settoriali seguono specifici settori dell'economia, consentendo agli investitori di concentrarsi su aree di crescita particolari. Ad esempio, l'Invesco QQQ ETF (QQQ) segue le prestazioni delle 100 principali società non finanziarie del NASDAQ, offrendo un'opportunità di investimento focalizzata sulla tecnologia.

Utilizzo Pratico: Gli investitori che hanno una convinzione particolare su un settore in espansione, come la tecnologia o le energie rinnovabili, possono utilizzare ETF settoriali per mirare a un rendimento specifico.

ETF di Singoli Settori: Un'Analisi Approfondita

Alcuni ETF si concentrano su singoli settori, fornendo un livello di dettaglio ancora maggiore. Ad esempio, l'ETF Health Care Select Sector SPDR Fund (XLV) si dedica esclusivamente al settore sanitario, offrendo un'esposizione mirata alle società sanitarie.

Utilizzo Pratico: Gli investitori che vogliono concentrarsi su un settore specifico, magari a causa di previsioni di crescita o di tendenze di mercato, possono utilizzare ETF di singoli settori per affinare la loro strategia di investimento.

Analisi Comparativa tra ETF Azionari: Scegliere la Migliore Esposizione

Quando si selezionano ETF azionari, è fondamentale comprendere le differenze tra di loro. Alcuni potrebbero offrire una maggiore esposizione alle grandi capitalizzazioni, mentre altri potrebbero concentrarsi su società di medie o piccole dimensioni. La diversificazione, la performance storica e i costi sono elementi cruciali da considerare durante la selezione. Esempio: Confrontando l'iShares Russell 2000 ETF (IWM), che segue le prestazioni delle 2000 società di piccola capitalizzazione, con l'SPDR S&P 500 ETF (SPY), che copre le 500 principali società statunitensi, gli investitori possono valutare quale potrebbe essere più adatto alle loro esigenze di investimento.

Gli ETF Azionari rappresentano un accesso versatile al mondo delle azioni, offrendo diverse opzioni per gli investitori con obiettivi e convinzioni diverse. Sia che si tratti di seguire l'andamento generale del mercato o concentrarsi su settori specifici, la gamma di ETF azionari fornisce un ventaglio di possibilità che può essere adattato a una vasta gamma di strategie di investimento.

Nel prossimo segmento del nostro viaggio, esploreremo le categorie di ETF Obbligazionari, approfondendo la comprensione di come gli investitori possono utilizzare questi strumenti per bilanciare e diversificare ulteriormente i loro portafogli. Continuate a leggere per scoprire come gli ETF possono diventare le fondamenta solide di un portafoglio ben costruito e adattato alle vostre esigenze finanziarie.

- *ETF Obbligazionari - Un Rifugio di Reddito e Sicurezza*

Gli ETF Obbligazionari sono progettati per fornire agli investitori esposizione a una varietà di obbligazioni, che possono includere titoli di stato, obbligazioni aziendali e altri strumenti di reddito fisso. Vediamo più da vicino alcune delle sottocategorie più rilevanti e le considerazioni chiave.

Indici Obbligazionari e Composizione del Portafoglio: Il Cuore degli ETF Obbligazionari
Gli ETF Obbligazionari seguono indici specifici, ognuno dei quali può avere caratteristiche uniche. Ad esempio, l'iShares Core U.S. Aggregate Bond ETF (AGG) mira a replicare l'andamento dell'indice Bloomberg Barclays U.S. Aggregate Bond Index. Questo indice comprende obbligazioni governative, aziendali e municipalizzate.
Utilizzo Pratico: Gli investitori possono utilizzare ETF Obbligazionari per ottenere esposizione a un ampio spettro di obbligazioni, diversificando il rischio e creando un flusso di reddito fisso.

ETF di Obbligazioni Corporate: Investire nei Debiti delle Aziende

Alcuni ETF Obbligazionari si concentrano esclusivamente sulle obbligazioni emesse da società. Ad esempio, l'iShares iBoxx $ Investment Grade Corporate Bond ETF (LQD) segue un indice di obbligazioni corporate investment grade.
Utilizzo Pratico: Gli investitori che cercano un equilibrio tra rischio e rendimento possono considerare ETF di obbligazioni corporate, poiché questi titoli spesso offrono rendimenti superiori rispetto alle obbligazioni governative.

Obbligazioni Municipali: Un'Oasi di Esenzioni Fiscali

Gli ETF Obbligazionari Municipali investono in obbligazioni emesse da governi locali e enti governativi. Questi titoli offrono spesso vantaggi fiscali, poiché gli interessi generati sono generalmente esenti dalle tasse federali e, in alcuni casi, da quelle statali.
Utilizzo Pratico: Gli investitori interessati a ottimizzare la loro esposizione obbligazionaria e a beneficiare di esenzioni fiscali possono considerare gli ETF di obbligazioni municipali.

Obbligazioni Inflazionate: Proteggersi dall'Inflazione
Gli ETF che seguono obbligazioni indicizzate
all'inflazione offrono agli investitori un modo per
proteggersi dalla perdita di potere d'acquisto causata
dall'inflazione. L'iShares TIPS Bond ETF (TIP) è un
esempio, seguendo l'andamento di obbligazioni del
Tesoro indicizzate all'inflazione degli Stati Uniti.
Utilizzo Pratico: Gli investitori che desiderano
preservare il potere d'acquisto del proprio portafoglio
durante periodi di inflazione possono considerare
l'inclusione di ETF di obbligazioni inflazionate.

*Diversificazione e Reddito Fisso: L'Alleanza degli ETF
Obbligazionari*

Gli ETF Obbligazionari forniscono agli investitori una
chiave per diversificare i loro portafogli oltre le azioni,
bilanciando il rischio e offrendo un flusso di reddito
fisso. La diversificazione tra diverse categorie di
obbligazioni può essere particolarmente vantaggiosa
durante periodi di volatilità del mercato azionario.

Considerazioni Chiave per gli Investitori:

Durata del Portafoglio: Gli investitori devono valutare attentamente la durata del portafoglio di un ETF Obbligazionario, poiché questa metrica indica la sensibilità del prezzo alle variazioni dei tassi di interesse.
Grado di Credito: Gli ETF che seguono obbligazioni con rating più elevato possono offrire una maggiore sicurezza, ma a spese di rendimenti potenzialmente più bassi.
Obiettivi di Reddito: Gli investitori devono chiarire i propri obiettivi di reddito prima di selezionare un ETF Obbligazionario, in quanto le caratteristiche di ciascun fondo possono variare significativamente.

- *ETF Settoriali e Tematici - Navigare le Onde delle Opportunità*

Gli ETF Settoriali rappresentano una modalità mirata per gli investitori di concentrarsi su segmenti specifici dell'economia, consentendo loro di puntare su settori che ritengono siano promettenti in termini di crescita. Vediamo più da vicino alcune delle sottocategorie più significative degli ETF Settoriali.

Energia, Tecnologia, Salute e Altro: Navigare il Panorama Settoriale

Gli ETF Settoriali offrono esposizione a una vasta gamma di settori, tra cui energia, tecnologia, sanità, finanza e molti altri. Ad esempio, il Financial Select Sector SPDR Fund (XLF) si concentra sul settore finanziario, includendo azioni di banche, assicurazioni e altre istituzioni finanziarie.

Utilizzo Pratico: Gli investitori che hanno una visione specifica su quale settore possa eccellere in un dato momento del ciclo economico possono utilizzare ETF Settoriali per adeguare il loro portafoglio di conseguenza.

Vantaggi della Specializzazione: Maggiore Esposizione, Maggiore Rischio?

Concentrandosi su settori specifici, gli investitori possono ottenere una maggiore esposizione a trend e opportunità di crescita specifiche. Tuttavia, questa specializzazione comporta anche un maggiore rischio, poiché la performance del settore selezionato può essere più volatile rispetto all'andamento generale del mercato.

Esempio: L'ETF Technology Select Sector SPDR Fund (XLK) fornisce agli investitori un'esposizione focalizzata al settore tecnologico, comprendendo aziende come Apple, Microsoft e Alphabet.

ETF Tematici: Investire in Tendenze e Innovazioni Specifiche

Gli ETF Tematici consentono agli investitori di puntare su tematiche specifiche di investimento, come l'innovazione tecnologica, le energie rinnovabili, la salute digitale e altro ancora. Questi strumenti mirano a catturare le opportunità offerte dalle tendenze emergenti e dagli sviluppi tecnologici.

Dalle Energie Pulite alle Tecnologie Disruptive: Un Universo di Temi

Gli ETF Tematici possono coprire una vasta gamma di temi, tra cui l'automazione, la cybersecurity, l'acqua sostenibile e molte altre. Ad esempio, l'iShares Global Clean Energy ETF (ICLN) offre un'esposizione alle energie rinnovabili, includendo aziende coinvolte nell'energia solare, eolica e altre fonti sostenibili. Utilizzo Pratico: Gli investitori interessati a posizionarsi in modo specifico su tendenze a lungo termine, come la transizione verso un'energia più pulita o l'innovazione tecnologica, possono considerare gli ETF Tematici come parte della loro strategia d'investimento.

Considerazioni Chiave per gli Investitori: Bilanciare Rendimento e Rischio

Comprensione della Tematica: Gli investitori devono avere una chiara comprensione della tematica sottostante di un ETF Tematico, compreso il contesto economico e le prospettive di crescita.
Rischio di Concentrazione: Date le specifiche concentrazioni su settori o tematiche, gli ETF Settoriali e Tematici possono essere più sensibili alle variazioni di mercato rispetto agli ETF più ampi.
Diversificazione: Nonostante la specializzazione, la diversificazione rimane cruciale. Gli investitori dovrebbero considerare come tali ETF si integrino nel loro portafoglio complessivo.

Personalizzare il Portafoglio con ETF Settoriali e Tematici

In questo capitolo, abbiamo esplorato la versatilità degli ETF Settoriali e Tematici, evidenziando come offrano agli investitori un modo per personalizzare il loro portafoglio in base alle proprie convinzioni e alle tendenze di mercato emergenti. Dall'esposizione a settori specifici all'investimento in tematiche innovative, questi strumenti ampliano le possibilità di costruire un portafoglio adatto alle esigenze e alle aspettative di ogni investitore.

Nel prossimo capitolo, esamineremo gli ETF Commodity, esplorando come questi veicoli finanziari permettano agli investitori di partecipare alle dinamiche del mercato delle materie prime. Unisciti a noi mentre approfondiamo ulteriormente le opportunità e le considerazioni legate a questa categoria di ETF.

- *ETF Commodity - Navigare le Onde delle Materie Prime*

Benvenuti nel quarto segmento del nostro viaggio nel mondo degli Exchange-Traded Fund (ETF). In questo capitolo, esploreremo il fascino degli ETF legati alle materie prime, analizzando come questi strumenti consentano agli investitori di partecipare alle dinamiche dei mercati delle commodities, da oro e petrolio a metalli industriali. Gli ETF Commodity offrono agli investitori un modo efficiente per guadagnare esposizione alle materie prime senza dover gestire fisicamente i beni sottostanti. Questa categoria comprende una vasta gamma di asset, ognuno con le proprie dinamiche di mercato e fattori di influenza.

Oro, Argento, Petrolio e Oltre: Una Panoramica delle Opzioni

Gli ETF Commodity possono seguire diverse materie prime, tra cui i metalli preziosi come l'oro e l'argento, le materie prime agricole come il grano e il caffè, e le risorse energetiche come il petrolio e il gas naturale. Esempio: L'SPDR Gold Trust ETF (GLD) offre un'esposizione diretta al prezzo dell'oro, consentendo agli investitori di beneficiare delle variazioni del mercato dell'oro senza dover possedere fisicamente l'oro.

Dinamiche del Mercato delle Commodities: Un Mondo a Parte

I mercati delle commodities sono spesso influenzati da fattori diversi rispetto a quelli dei mercati azionari e obbligazionari. I prezzi possono essere influenzati da condizioni climatiche, fluttuazioni della domanda globale e eventi geopolitici. Gli ETF Commodity consentono agli investitori di partecipare a queste dinamiche senza dover affrontare le complessità della detenzione fisica delle materie prime.

Bilanciare il Portafoglio con Risorse Naturali: Opportunità e Rischi

Diversificazione: Gli ETF Commodity possono aggiungere diversificazione a un portafoglio, in quanto spesso non seguono le stesse tendenze dei mercati azionari o obbligazionari.

Hedging: Gli investitori possono utilizzare gli ETF Commodity per proteggere il proprio portafoglio contro l'inflazione o le fluttuazioni dei prezzi delle materie prime.

Esposizione Settoriale: Alcuni ETF Commodity si concentrano su settori specifici, come il settore energetico o quello minerario. Questi strumenti offrono un'esposizione mirata a segmenti specifici del mercato delle commodities.

Analisi Comparativa tra ETF Commodity: Selezionare l'Esposizione Giusta

Dato che gli ETF Commodity possono seguire materie prime molto diverse, è essenziale che gli investitori analizzino attentamente le caratteristiche di ciascun fondo prima di prendere decisioni d'investimento. L'analisi delle spese, della struttura del fondo e delle dinamiche del mercato sottostante è cruciale per garantire che l'ETF selezionato si allinei agli obiettivi di investimento.
Esempio: Confrontando l'iShares S&P GSCI Commodity-Indexed Trust (GSG) e l'Invesco DB Agriculture Fund (DBA), gli investitori possono valutare quale offra l'esposizione desiderata alle materie prime agricole.

Considerazioni Ambientali, Sociali e di Governance (ESG) nei Mercati delle Commodities

Con l'incremento dell'attenzione verso le questioni ambientali e sociali, gli ETF Commodity possono offrire opportunità di investimento che rispettano criteri ESG. Gli investitori possono cercare ETF che adottano filtri ESG per garantire che le materie prime seguite siano estratte o prodotte in modo sostenibile.

Abbiamo esplorato il mondo degli ETF Commodity, evidenziando come questi strumenti permettano agli investitori di partecipare alle dinamiche dei mercati delle materie prime in modo efficiente e diversificato. Dall'oro al petrolio, gli ETF Commodity offrono un'ampia gamma di opzioni per coloro che desiderano aggiungere esposizione alle commodities nei loro portafogli.
Ora ci addentreremo negli ETF Alternativi, esaminando come questi strumenti possano consentire agli investitori di diversificare ulteriormente il loro portafoglio con asset al di fuori delle tradizionali azioni e obbligazioni. Continuate a seguirci mentre esploriamo le molteplici opportunità offerte dagli ETF in continua evoluzione.

- *ETF Alternativi - Esplorando Nuove Frontiere d'Investimento*

In questo segmento, ci immergeremo negli ETF Alternativi, esplorando come questi strumenti offrano agli investitori l'opportunità di diversificare ulteriormente i loro portafogli con asset al di fuori delle tradizionali azioni e obbligazioni.

ETF Alternativi: Un Universo di Asset Fuori dal Comune

Gli ETF Alternativi rappresentano una categoria dinamica e diversificata, includendo una vasta gamma di asset al di fuori dei tradizionali mercati finanziari. Questi strumenti offrono agli investitori la possibilità di esplorare nuove frontiere d'investimento, includendo asset come immobiliare, infrastrutture, hedge funds e altro ancora.

Categorie di ETF Alternativi: Una Visione d'Insieme

Real Estate Investment Trusts (REITs): Gli ETF che seguono REIT offrono esposizione al mercato immobiliare, consentendo agli investitori di partecipare agli investimenti in proprietà commerciali, residenziali e infrastrutture.

Infrastrutture: Questi ETF si concentrano su asset legati alle infrastrutture, come strade, ponti, reti elettriche e altro ancora, offrendo opportunità di investimento nel settore delle costruzioni e delle utilities.

Hedge Funds: Alcuni ETF Alternativi cercano di replicare le strategie tipiche degli hedge fund, includendo tattiche di trading alternative, derivati complessi e posizioni più sofisticate.

Private Equity: Gli ETF di private equity forniscono esposizione a società non quotate in borsa, consentendo agli investitori di partecipare a investimenti in aziende in fase di start-up o in crescita.

Diversificazione oltre le Asset Tradizionali: Vantaggi e Considerazioni

Vantaggi:
Diversificazione: Gli ETF Alternativi possono aggiungere un nuovo strato di diversificazione a un portafoglio, riducendo il rischio legato alla concentrazione su asset tradizionali.
Accesso Semplificato: Investire in asset alternativi tramite ETF semplifica l'accesso a classi di attività che potrebbero essere altrimenti difficili da raggiungere per gli investitori individuali.

Considerazioni Critiche:
Complessità: Alcuni ETF Alternativi possono essere complessi, utilizzando strategie di investimento avanzate. Gli investitori dovrebbero comprendere appieno la struttura e le strategie del fondo prima di investire. Rischi Specifici dell'Asset: Investire in asset alternativi può comportare rischi specifici legati a settori o strategie particolari. Gli investitori devono essere consapevoli di tali rischi.

Esempi Pratici: Esplorando ETF Alternativi Popolari
Vanguard Real Estate ETF (VNQ): Questo ETF offre esposizione a società immobiliari quotate in borsa, consentendo agli investitori di partecipare al mercato immobiliare senza dover acquistare proprietà fisiche.

Global X SuperDividend REIT ETF (SRET): Concentrandosi su società REIT che offrono elevati rendimenti dividendi, questo ETF cerca di fornire un flusso di reddito stabile e diversificato.

ProShares Hedge Replication ETF (HDG): Questo ETF cerca di replicare l'andamento degli hedge fund, utilizzando strategie di investimento alternative.

Invesco Global Listed Private Equity ETF (PSP): Fornisce esposizione alle società di private equity quotate, offrendo agli investitori l'opportunità di partecipare a questa classe di attività.

Navigare le Nuove Frontiere con gli ETF Alternativi

In questo capitolo, abbiamo esplorato il mondo dinamico degli ETF Alternativi, evidenziando come questi strumenti permettano agli investitori di diversificare ulteriormente i loro portafogli e di accedere a asset al di fuori delle tradizionali azioni e obbligazioni. Dalla proprietà immobiliare alle strategie hedge fund, gli ETF Alternativi offrono un'ampia gamma di possibilità per gli investitori che cercano di personalizzare la loro esposizione al mercato.

Nel prossimo capitolo, esamineremo come gli investitori possono fare scelte informate nella selezione degli ETF, analizzando considerazioni cruciali come la liquidità, gli spread e il tracking error. Unisciti a noi mentre continuiamo il nostro viaggio attraverso il vasto mondo degli ETF.

CAPITOLO QUINTO

Come Scegliere gli ETF Giusti - Navigare tra Liquidità, Spread e Tracking Error

Benvenuti nel quinto capitolo della nostra esplorazione degli Exchange-Traded Fund (ETF). In questo segmento, ci concentreremo su come gli investitori possono fare scelte informate nella selezione degli ETF, esaminando considerazioni cruciali come la liquidità, gli spread e il tracking error.

Liquidità: Il Cuore degli ETF

La liquidità è un elemento fondamentale da valutare quando si selezionano gli ETF. La liquidità si riferisce alla facilità con cui gli investitori possono comprare o vendere quote di un ETF sul mercato. Gli ETF altamente liquidi tendono ad avere spread più stretti tra il prezzo di acquisto e il prezzo di vendita.

Valutare la Liquidità: Consigli Pratici

Volume di Scambi: Il volume medio giornaliero di scambi è un indicatore chiave della liquidità di un ETF. Maggiore è il volume, minore è il rischio di impatto significativo sui prezzi durante l'acquisto o la vendita. Bid-Ask Spread: Gli investitori dovrebbero monitorare lo spread tra il prezzo di acquisto (bid) e il prezzo di vendita (ask). Uno spread più stretto indica una maggiore liquidità.

Spread e Tracking Error: Ottimizzare l'Esecuzione degli Ordini

Bid-Ask Spread: Il Costo della Transazione
Lo spread bid-ask rappresenta il costo implicito di una transazione. Minimizzare questo spread è cruciale per ridurre i costi complessivi dell'investimento. La liquidità di un ETF può influenzare direttamente la dimensione dello spread.

Tracking Error: Allineare gli Obiettivi di Investimento
Il tracking error misura la discrepanza tra le performance di un ETF e quelle del suo benchmark di riferimento. Un basso tracking error indica una buona aderenza all'andamento del benchmark, mentre un tracking error elevato potrebbe segnalare una deviazione significativa.

Approfondimento sulle Commissioni: Un'Occhiata ai Costi Nascostiù

Mentre molte commissioni ETF sono trasparenti, gli investitori dovrebbero considerare attentamente gli eventuali costi nascosti, come i costi di transazione e i costi di prestito di titoli. Ridurre al minimo questi costi è essenziale per massimizzare i rendimenti netti.

Tipi di Commissioni:

Commissioni di Gestione: La commissione annuale che l'emittente dell'ETF addebita per gestire il fondo.

Commissioni di Transazione: Costi associati all'acquisto o alla vendita di quote di un ETF.

Spread di Mercato: Differenza tra il prezzo di acquisto e il prezzo di vendita, influenzato dalla liquidità.

Considerazioni sulle Dimensioni dell'ETF: Piccolo o Grande?

Le dimensioni di un ETF possono influenzare la sua liquidità e il suo spread. Gli ETF più grandi tendono ad avere una maggiore liquidità, ma ciò non significa che gli ETF più piccoli siano da evitare. La specificità dell'obiettivo di investimento può essere più importante della dimensione dell'ETF.

Vantaggi di ETF più Grandi

Maggiore Liquidità: Gli ETF più grandi possono godere di una maggiore liquidità grazie al maggiore volume di scambi.

Spread Ridotti: Dimensioni maggiori possono contribuire a ridurre lo spread bid-ask.

Vantaggi di ETF più Piccoli:

Specificità dell'Esposizione: Gli ETF più piccoli possono offrire esposizioni più specifiche e focalizzate su settori di nicchia.

Agilità nell'Investimento: Gli ETF più piccoli possono adattarsi rapidamente ai cambiamenti del mercato.

Diversificazione e Obiettivi di Investimento: Trovare l'Equilibrio Giusto

Infine, la diversificazione e gli obiettivi di investimento dovrebbero guidare la selezione degli ETF. Gli investitori dovrebbero cercare un equilibrio tra una diversificazione adeguata e l'allineamento con gli obiettivi di investimento specifici.

Considerazioni Chiave:

Diversificazione Settoriale: Gli ETF Settoriali possono fornire esposizione a settori specifici dell'economia.

Esposizione Globale: Gli ETF che coprono mercati globali possono offrire una diversificazione geografica.

Rispetto agli Obiettivi di Rendimento e Rischio: La scelta degli ETF dovrebbe allinearsi con gli obiettivi di rendimento e la tolleranza al rischio dell'investitore.

Conclusioni Preliminari: Guida alla Selezione degli ETF

In questo capitolo, abbiamo esaminato come gli investitori possono navigare tra liquidità, spread e tracking error per fare scelte informate nella selezione degli ETF. La valutazione di questi fattori è essenziale per ottimizzare l'esecuzione degli ordini e massimizzare i rendimenti netti. Nel prossimo capitolo, esploreremo più approfonditamente le commissioni e i costi associati agli ETF, fornendo agli investitori una guida pratica su come minimizzare i costi e massimizzare i rendimenti nel contesto degli ETF. Continuate a seguirci mentre continuiamo il nostro viaggio nel vasto mondo degli Exchange-Traded Fund.

CAPITOLO SESTO

Commissioni e Costi Associati - Navigare le Acque delle Spese ETF

Benvenuti nel sesto capitolo del nostro viaggio attraverso il mondo degli Exchange-Traded Fund (ETF). In questo segmento, ci addentreremo nel complesso e spesso sottovalutato aspetto delle commissioni e dei costi associati agli ETF. Analizzeremo come gli investitori possono navigare attraverso queste acque per massimizzare i rendimenti e minimizzare gli impatti negativi sul portafoglio.

Le commissioni di gestione rappresentano la remunerazione dell'emittente dell'ETF per il servizio di gestione del fondo. Sebbene spesso espressa come una percentuale annuale del patrimonio totale, è fondamentale comprendere come queste commissioni possono influire sui rendimenti a lungo termine. Supponiamo di avere due ETF simili che seguono lo stesso indice. Se uno ha una commissione di gestione annuale dell'1%, mentre l'altro ha una commissione dello 0,5%, il secondo ETF avrà un costo inferiore nel tempo, contribuendo a massimizzare i rendimenti netti.

Commissioni di Transazione: Oltre il Prezzo di Acquisto e Vendita

Le commissioni di transazione, spesso trascurate dagli investitori, sono i costi associati all'acquisto e alla vendita di quote di un ETF. La frequenza e l'importo di queste commissioni possono variare in base al broker e al tipo di ordine effettuato.

Considerazione Importante: Gli investitori dovrebbero essere consapevoli delle commissioni di transazione e cercare di minimizzarle, specialmente per chi pratica un'attività di trading più frequente.

Spread di Mercato: Il Costo Nascosto dell'Esecuzione degli Ordini
Lo spread di mercato rappresenta la differenza tra il prezzo di acquisto (bid) e il prezzo di vendita (ask) di un ETF. Un ampio spread può aumentare i costi di transazione, riducendo così il rendimento effettivo dell'investitore.

Strategia di Riduzione dei Costi: Gli investitori possono mitigare l'effetto dello spread selezionando ETF con spread più stretti o pianificando le transazioni in momenti di maggiore liquidità di mercato.

Tracking Error: Un Altro Aspetto delle Spese
Il tracking error, sebbene comunemente associato alla qualità della gestione, può anche essere influenzato dai costi. Ad esempio, un ETF che utilizza strumenti derivati o metodi di campionamento può manifestare un tracking error più ampio a causa di costi operativi e di implementazione.
Consiglio Pratico: Gli investitori dovrebbero cercare di comprendere il motivo di un elevato tracking error, valutando se è dovuto a decisioni gestionali, costi operativi o altri fattori.

Spread, Tracking Error e Rendimento Netto: Un Quadro Integrato

Mentre singolarmente ognuno di questi aspetti può sembrare un dettaglio minore, è cruciale considerare il quadro complessivo. Ad esempio, un ETF potrebbe avere commissioni di gestione relativamente basse ma uno spread di mercato elevato, influenzando il rendimento netto complessivo dell'investitore. Prospettiva Globale: Gli investitori dovrebbero adottare un approccio olistico, considerando tutte le spese e i costi associati per valutare la convenienza complessiva di un ETF rispetto ad altri veicoli d'investimento.

Ottimizzare i Costi: Strategie Pratiche

Investimenti a Lungo Termine: Per coloro che mirano a detenere gli ETF a lungo termine, l'impatto delle commissioni di transazione può essere ridotto.

Analisi Comparativa: Confrontare attentamente le commissioni di gestione, le commissioni di transazione e gli spread di mercato tra diversi ETF simili può aiutare gli investitori a identificare quelli con costi più vantaggiosi.

Monitoraggio Costante: I costi possono variare nel tempo. Gli investitori dovrebbero monitorare regolarmente le spese dei loro ETF e valutare se ci sono alternative più convenienti sul mercato.

Navigare con Consapevolezza le Acque delle Spese ETF

In questo capitolo, abbiamo esplorato le complesse acque delle spese ETF, fornendo agli investitori una panoramica completa delle commissioni di gestione, delle commissioni di transazione, degli spread di mercato e del tracking error. La consapevolezza di questi aspetti è fondamentale per ottimizzare i rendimenti netti e prendere decisioni d'investimento informate.

Nel prossimo capitolo, esamineremo le diverse strategie di investimento che gli investitori possono adottare con gli ETF, analizzando approcci come il passive investing e il tactical investing. Unitevi a noi mentre continuiamo il nostro viaggio attraverso il vasto mondo degli Exchange-Traded Fund.

CAPITOLO SETTIMO

Strategie di Investimento con gli ETF - Navigare tra il Passive e il Tactical Investing

Benvenuti nel settimo capitolo del nostro viaggio attraverso il mondo degli Exchange-Traded Fund (ETF). In questo capitolo, esploreremo le diverse strategie di investimento che gli investitori possono adottare con gli ETF, concentrandoci principalmente sul passive investing e sul tactical investing.

Passive Investing: Seguire la Strada dell'Indice
Il passive investing è una strategia che mira a replicare l'andamento di un indice di riferimento senza cercare di superarlo attivamente. Gli ETF sono particolarmente adatti a questa strategia, poiché offrono un modo efficiente ed economico per ottenere esposizione a una vasta gamma di mercati.

Vantaggi del Passive Investing con ETF:

Costi Ridotti: Gli ETF adottano spesso un approccio di gestione passiva, riducendo le commissioni di gestione rispetto a molte alternative attive.
Diversificazione: Investire in ETF che seguono indici ampi consente agli investitori di ottenere una diversificazione significativa all'interno di un singolo strumento.
Trasparenza: Gli investitori sanno esattamente quali asset possiedono, poiché gli ETF replicano un indice specifico.

Esempio Pratico: Un investitore potrebbe scegliere un ETF che replica l'S&P 500 per ottenere esposizione a un ampio spettro di azioni statunitensi.
7.2 Tactical Investing: Adattarsi alle Opportunità di Mercato
Il tactical investing, a differenza del passive investing, implica un approccio più attivo nella selezione e gestione degli investimenti. Gli investitori tattici cercano di capitalizzare sulle opportunità di mercato, spostando il loro portafoglio in risposta a cambiamenti economici o di mercato.

Caratteristiche del Tactical Investing con ETF:
Flessibilità: Gli ETF consentono un facile adattamento del portafoglio in risposta a nuove informazioni o trend di mercato.
Accesso a Settori Specifici: Gli investitori tattici possono utilizzare ETF settoriali per concentrarsi su aree specifiche del mercato che ritengono promettenti.
Risposta Rapida: Gli ETF possono essere scambiati durante le sessioni di mercato, consentendo risposte immediate a eventi di rilevanza.
Esempio Pratico: In un periodo di incertezza economica, un investitore tattico potrebbe spostare parte del suo portafoglio in ETF obbligazionari per ridurre il rischio azionario.

Un Approccio Ibrido: Blend di Passive e Tactical Investing
Molti investitori adottano un approccio ibrido, combinando elementi di passive e tactical investing per ottenere un equilibrio tra stabilità e flessibilità. Questa strategia consente agli investitori di beneficiare della crescita a lungo termine degli indici, ma anche di adattarsi a circostanze di mercato mutevoli.

Vantaggi dell'Approccio Ibrido:
Stabilità a Lungo Termine: Mantenendo una parte del portafoglio in ETF indicizzati, gli investitori possono beneficiare della stabilità a lungo termine.
Adattamento Agli Eventi di Mercato: Allocando una parte del portafoglio a ETF tattici, gli investitori possono reagire in modo tempestivo a eventi di mercato significativi.
Esempio Pratico: Un investitore potrebbe mantenere la maggior parte del suo portafoglio in un ETF azionario globale (approccio passivo) e allo stesso tempo avere una piccola allocazione in ETF settoriali per sfruttare opportunità tattiche.

Scegliere la Strategia Giusta: Fattori Chiave da Considerare

Scegliere tra passive e tactical investing dipende da diversi fattori, tra cui gli obiettivi finanziari, l'orizzonte temporale dell'investimento e il livello di rischio che un investitore è disposto ad assumere.
Domande Chiave da Porsi:
Obiettivi di Investimento: Quali sono gli obiettivi finanziari a breve e lungo termine dell'investitore?
Tolleranza al Rischio: Quanto rischio è disposto a sopportare l'investitore? Un approccio passivo potrebbe essere più adatto a chi cerca una maggiore stabilità.
Conoscenza di Mercato: Gli investitori devono sentirsi a proprio agio nell'analizzare e rispondere agli eventi di mercato per adottare un approccio tattico.

Conclusioni Preliminari: Navigare tra Passività e Attività

In questo capitolo, abbiamo esplorato le strategie di investimento con gli ETF, distinguendo tra passive investing, che segue gli indici, e tactical investing, che si adatta alle opportunità di mercato. Molti investitori possono trovare valore in un approccio ibrido che combina elementi di entrambe le strategie. Nel prossimo capitolo, esamineremo i rischi associati agli ETF e come gli investitori possono proteggere il proprio portafoglio da potenziali insidie. Continuate a seguirci mentre continuiamo il nostro viaggio nel mondo degli Exchange-Traded Fund.

CAPITOLO OTTAVO

Rischi e Sfide - Navigare con Cautela nel Mondo degli ETF

Benvenuti nell'ottavo capitolo del nostro viaggio attraverso il vasto mondo degli Exchange-Traded Fund (ETF). In questo segmento, esploreremo attentamente i rischi e le sfide associati agli ETF, fornendo agli investitori una comprensione approfondita di cosa potrebbe minacciare la solidità del loro portafoglio.

Rischio di Mercato: Navigare le Onde dell'Andamento Generale
Il rischio di mercato è intrinseco a qualsiasi forma di investimento, e gli ETF non fanno eccezione. Questo rischio si riferisce alla possibilità che il valore del portafoglio diminuisca a causa di fluttuazioni generali del mercato.

Ci sono, tuttavia, delle strategie di mitigazione:
Diversificazione: Diffondere gli investimenti su diverse classi di attività può aiutare ad attenuare l'impatto negativo di eventuali fluttuazioni del mercato.
Ricerca Prudente: Una comprensione approfondita degli indici sottostanti può aiutare gli investitori a valutare meglio il potenziale impatto di eventi di mercato.

Rischio di Liquidità: Navigare le Acque dell'Immediata Esecuzione
Il rischio di liquidità si presenta quando un ETF ha un volume di scambi limitato o spread bid-ask elevati. In situazioni di scarsa liquidità, gli investitori potrebbero trovare difficile comprare o vendere quote agli attuali prezzi di mercato.

Suggerimenti Pratici:
Analisi del Volume: Gli investitori dovrebbero monitorare il volume medio giornaliero di scambi per garantire che l'ETF abbia una liquidità sufficiente.
Spread Bid-Ask: Un ampio spread bid-ask può aumentare i costi di transazione. Gli investitori dovrebbero prestare attenzione a questo indicatore.

Rischio di Controcontroparte: Navigare tra le Relazioni Finanziarie

Questo rischio si riferisce alla possibilità che la controparte dell'ETF, solitamente una banca o una società di gestione, non riesca a rispettare i propri obblighi finanziari nei confronti dell'ETF. Se la controparte va in fallimento, ciò può avere impatti negativi sul valore del fondo.

Strategie di Mitigazione:

Scelta di Emittenti Affidabili: Optare per ETF emessi da istituzioni finanziarie solide può ridurre il rischio di controcontroparte.

Monitoraggio Attivo: Gli investitori dovrebbero essere vigili nella supervisione della solidità finanziaria dell'emittente dell'ETF.

Rischio di Cambiamento nell'Indice di Riferimento: Navigare tra le Evoluzioni dell'Indice

Gli ETF seguono un indice specifico, e cambiamenti nell'indice possono influenzare significativamente le prestazioni dell'ETF. Questo rischio include le modifiche nella composizione dell'indice, nel peso degli asset o nel metodo di calcolo.

Consigli Pratici:
Aggiornamenti dell'Indice: Gli investitori dovrebbero rimanere informati sugli eventuali cambiamenti previsti nell'indice di riferimento dell'ETF.
Adattamento della Strategia: In risposta a modifiche significative, gli investitori potrebbero dover adattare la propria strategia di investimento.

Rischio di Performance Insoddisfacente: Navigare tra le Aspettative di Rendimento
Non tutti gli ETF raggiungono le aspettative degli investitori. Il rischio di performance insoddisfacente si manifesta quando un ETF non riesce a replicare fedelmente l'andamento del suo indice di riferimento.

Strategie di Mitigazione:
Analisi Storica: Esaminare attentamente la performance passata dell'ETF può fornire indicazioni sulla sua capacità di replicare l'andamento dell'indice.
Scelta di ETF Liquidi: Gli ETF con elevata liquidità tendono a riflettere più fedelmente l'andamento dell'indice.

Rischio Valutario: Navigare tra le Fluttuazioni delle Valute
Gli ETF che seguono indici in valute straniere sono soggetti al rischio valutario. Le fluttuazioni dei tassi di cambio possono influenzare il rendimento complessivo dell'ETF, anche se l'andamento dell'indice sottostante è positivo.

Consigli Pratici:
Hedging Valutario: Alcuni ETF offrono opzioni di hedging per mitigare il rischio valutario. Gli investitori dovrebbero valutare se questa opzione è adatta alle loro esigenze.
Consapevolezza del Contesto Globale: Comprendere l'ambiente macroeconomico può aiutare gli investitori a prevedere potenziali fluttuazioni valutarie.

*Conclusioni Preliminari: Navigare con Consapevolezza
i Rischi ETF*

In questo capitolo, abbiamo esplorato una serie di rischi
e sfide che gli investitori potrebbero affrontare nel
mondo degli ETF. La consapevolezza di questi rischi è
fondamentale per adottare strategie di mitigazione e
proteggere il proprio portafoglio. Nel prossimo
capitolo, esamineremo degli esempi di successo di
investitori che hanno ottenuto risultati positivi
utilizzando gli ETF. Unitevi a noi mentre continuiamo
il nostro viaggio attraverso il vasto mondo degli
Exchange-Traded Fund.

CAPITOLO NONO

Studi di Caso e Successi - Esplorando Esempi di Investitori di Successo con gli ETF

Benvenuti nel nono capitolo del nostro esplorare il mondo degli Exchange-Traded Fund (ETF). In questo segmento, esamineremo alcune storie di successo di investitori che hanno ottenuto risultati positivi utilizzando gli ETF. Questi studi di caso forniscono insight pratici su come gli ETF possono essere utilizzati in modo efficace per raggiungere obiettivi finanziari specifici.

Studi di Caso su Crescita a Lungo Termine

Caso 1: Crescita di un Portafoglio Pensionistico
Investitore: Maria, 55 anni, mira a costruire un portafoglio pensionistico robusto.

Approccio: Maria ha adottato una strategia di passive investing, investendo regolarmente in ETF che replicano indici azionari globali e settoriali.

Risultato: Nel corso di dieci anni, il portafoglio di Maria ha registrato una crescita costante grazie all'esposizione globale e alla diversificazione settoriale fornite dagli ETF. La sua strategia le ha permesso di accumulare un patrimonio pensionistico solido.

Studi di Caso su Adattabilità Tattica

Caso 2: Profitti in un Mercato Volatile
Investitore: Roberto, 40 anni, cerca di capitalizzare su opportunità di mercato tattiche.

Approccio: Roberto ha adottato un approccio ibrido, utilizzando ETF indicizzati come base del suo portafoglio e aggiungendo posizioni tattiche in settori specifici quando identifica opportunità.

Risultato: Durante un periodo di volatilità del mercato, Roberto ha spostato parte del suo portafoglio in ETF obbligazionari, riducendo il rischio complessivo e proteggendo i suoi profitti.

Studi di Caso su Diversificazione Settoriale

Caso 3: Successo nell'Esposizione a Settori Emergenti
Investitore: Alessia, 30 anni, cerca di capitalizzare su settori emergenti e innovativi.

Approccio: Alessia ha scelto ETF settoriali che seguono settori come la tecnologia, l'energia rinnovabile e la salute, scommettendo sull'innovazione a lungo termine.

Risultato: La sua esposizione a settori in crescita ha portato a un notevole aumento del valore del portafoglio. Alessia ha beneficiato dell'espansione di settori chiave dell'economia globale.

Studi di Caso su Reddito e Crescita Equilibrati
Caso 4: Pensionamento Sereno con un Portafoglio Bilanciato
Investitore: Giovanni, 60 anni, mira a ottenere reddito e crescita per il pensionamento.

Approccio: Giovanni ha creato un portafoglio diversificato di ETF che include azioni con dividendi solidi, obbligazioni e ETF settoriali orientati al reddito.

Risultato: La sua strategia bilanciata ha fornito un flusso di reddito costante, mantenendo comunque un potenziale di crescita. Giovanni si gode ora un pensionamento sereno con una gestione finanziaria solida.

Consigli Pratici degli Investitori di Successo
Obiettivi Chiari: Gli investitori di successo definiscono chiaramente i loro obiettivi finanziari a lungo termine e adottano una strategia di investimento coerente.

Diversificazione: La diversificazione, raggiunta attraverso una selezione oculata di ETF, è una chiave comune tra gli investitori di successo.

Adattabilità: Essere aperti all'adattamento della strategia in risposta a cambiamenti di mercato è fondamentale per il successo a lungo termine.

Ricerca Continua: Gli investitori di successo rimangono informati e aggiornati sulle tendenze di mercato, cercando sempre opportunità per ottimizzare il loro portafoglio.

Conclusioni Preliminari: Istruzioni da Chi Ha Avuto Successo con gli ETF

In questo capitolo, abbiamo esplorato alcune storie di successo di investitori che hanno sfruttato in modo efficace gli Exchange-Traded Fund. Questi studi di caso offrono insight preziosi su come gli ETF possono essere utilizzati in modo flessibile per raggiungere una varietà di obiettivi finanziari. Nel prossimo capitolo, esploreremo consigli pratici per gli investitori principianti e trarremo conclusioni sul nostro viaggio attraverso il mondo degli ETF. Continuate a seguirci mentre ci avviciniamo alla conclusione della nostra esplorazione.

CAPITOLO DECIMO

Consigli Pratici e Conclusioni - Navigando il Mondo degli ETF con Successo

Benvenuti nell'ultimo capitolo del nostro viaggio attraverso il mondo degli Exchange-Traded Fund (ETF). In questo capitolo conclusivo, forniremo consigli pratici per gli investitori principianti e tireremo le somme del nostro esplorare gli ETF, offrendo una visione d'insieme e suggerimenti chiave per chiunque desideri iniziare o approfondire la propria avventura nell'investimento attraverso questi strumenti finanziari.

Consigli Pratici per gli Investitori Principianti
1. Comprendi i Fondamentali:
Prima di iniziare a investire in ETF, acquisisci una comprensione di base degli strumenti finanziari, dei mercati e delle principali strategie di investimento. Ciò ti darà una base solida su cui costruire la tua conoscenza.

2. Definisci i Tuoi Obiettivi:
Chiarisci i tuoi obiettivi finanziari a breve e lungo termine. Determina se stai cercando reddito, crescita del capitale o una combinazione di entrambi. Questo orienterà le tue scelte di investimento.

3. Diversificazione è Chiave:
Non mettere tutte le uova in un solo cesto. Utilizza gli ETF per diversificare il tuo portafoglio, investendo in diverse classi di attività, settori e regioni geografiche per ridurre il rischio complessivo.

4. Inizia con ETF di Base:
Per i principianti, iniziare con ETF che replicano indici ampi e ben noti può essere un approccio prudente. Questi offrono un'esposizione ampia e sono spesso meno volatili rispetto a opzioni più specializzate.

5. Monitora il Tuo Portafoglio:
Una volta che hai iniziato a investire, monitora regolarmente il tuo portafoglio. Aggiorna le tue allocazioni in base ai cambiamenti nei tuoi obiettivi, alla tua situazione finanziaria e alle condizioni di mercato.

Il Potenziale degli ETF Come Strumenti di Investimento
Esplorare il mondo degli ETF ci ha fornito un quadro dettagliato di come questi strumenti possono essere utilizzati per raggiungere una varietà di obiettivi finanziari. Dai fondamenti degli ETF, alla comprensione delle strategie di investimento, fino ai rischi e alle sfide, abbiamo navigato attraverso un vasto territorio di conoscenze.

Gli ETF offrono diversi vantaggi, tra cui la liquidità, la trasparenza, i costi contenuti e la flessibilità. Sono strumenti ideali per gli investitori che cercano di costruire portafogli diversificati in modo efficiente.

Continua a Esplorare e Imparare: Il Viaggio Non Finisce Qui
L'investimento è un viaggio continuo. Continua ad esplorare nuove opportunità di investimento, approfondisci la tua comprensione degli strumenti finanziari e resta sempre aggiornato sulle tendenze di mercato in evoluzione. L'apprendimento continuo è la chiave per un investimento di successo nel lungo termine.

Il Prossimo Passo: Applica la Conoscenza Acquisita
Dopo aver esplorato il vasto mondo degli ETF, il prossimo passo è applicare la conoscenza acquisita. Inizia a costruire il tuo portafoglio, seguendo i principi e le strategie che meglio si adattano ai tuoi obiettivi finanziari.

Grazie per averci accompagnato in questo viaggio. Che il tuo cammino di investitore sia ricco di successi, apprendimento e crescita finanziaria continua. Buon investimento!

CONCLUSIONE

Navigando il Mondo degli ETF - Un Viaggio Verso il Successo Finanziario

E così, cari lettori, giungiamo alla conclusione di questo affascinante viaggio attraverso il vasto e intricato mondo degli Exchange-Traded Fund (ETF). È stato un percorso ricco di scoperte, arricchito dalla comprensione di strumenti finanziari che, in molti modi, rappresentano il futuro dell'investimento. Mentre ci apprestiamo a tirare le somme, riflettiamo su quanto abbiamo imparato e su come possiamo applicare queste conoscenze per plasmare il nostro destino finanziario.

Un Punto di Partenza Illuminante: I Fondamenti degli ETF

Abbiamo iniziato il nostro viaggio dal punto di partenza illuminante dei fondamenti degli ETF. Questi strumenti, che uniscono la flessibilità delle azioni al vantaggio della gestione passiva, hanno cambiato il volto dell'investimento. Dalle basi della loro struttura e funzionamento alla loro evoluzione nel corso degli anni, abbiamo imparato a considerare gli ETF non solo come veicoli di investimento, ma come alleati nella costruzione di portafogli robusti e diversificati.

Strategie Chiave per il Successo: La Forza di Passive e Tactical Investing

Il nostro cammino ci ha poi condotti attraverso le strategie chiave per il successo con gli ETF. Abbiamo esaminato con attenzione l'eterna sfida tra passive investing e tactical investing, riconoscendo che entrambi possono avere un posto nel nostro arsenale finanziario. La diversificazione, una chiave d'oro per la stabilità del portafoglio, è emersa come una guida sicura nel percorso finanziario.

Sfide e Rischi: Le Onde che Possiamo Navigare con Consapevolezza

Come ogni avventura, la nostra esplorazione non è stata priva di sfide e rischi. Abbiamo imparato a navigare le onde increspate del rischio di mercato, della liquidità, della controcontroparte e altro ancora. Ma ricordiamoci sempre che conoscere il mare su cui navighiamo è la chiave per affrontare le tempeste con fermezza.

Storie di Successo: Illuminando il Sentiero con Esperienze Tangibili

Nel cuore del nostro viaggio, abbiamo incontrato storie di successo, esperienze tangibili di individui che, con intelligenza e astuzia, hanno navigato il mondo degli ETF con successo. Questi non sono solo racconti di prosperità finanziaria, ma testimonianze della potenza degli ETF nel plasmare il destino degli investitori.

Consigli Pratici: Illuminare il Cammino per i Nuovi Esploratori Finanziari

Arriviamo ora a consigli pratici, lanterne che illuminano il cammino per i nuovi esploratori finanziari. La comprensione dei fondamentali, la definizione di obiettivi chiari, la diversificazione oculata e il monitoraggio costante del portafoglio sono le stelle che possono guidare i nostri passi nel vasto cielo degli investimenti.

Il Prossimo Capitolo: Continuare l'Esplorazione e l'Apprendimento

Mentre concludiamo questo capitolo, non è un addio definitivo, ma piuttosto un punto di pausa nella nostra esplorazione finanziaria. Il mondo degli ETF è un paesaggio in evoluzione, e il nostro impegno per l'apprendimento continuo è la bussola che ci guiderà attraverso le nuove scoperte e le sfide che il futuro ci riserva.

Grazie per Averci Accompagnato in Questo Viaggio
Un sentito ringraziamento a voi, lettori, che ci avete accompagnato in questo viaggio. Speriamo che il nostro racconto abbia accresciuto la vostra consapevolezza e vi abbia fornito gli strumenti necessari per affrontare il mondo degli ETF con sicurezza e comprensione.

Il Futuro è Vostro da Esplorare
Concludiamo questo viaggio con l'auspicio che il futuro finanziario di ognuno di voi sia ricco di successi, apprendimento continuo e soddisfazioni. Gli ETF, come le vele di una nave, vi porteranno verso l'orizzonte del successo finanziario.

Un Addio, ma Non un Addio Definitivo
Infine, diciamo arrivederci, ma non un addio definitivo.
L'avventura finanziaria è un percorso continuo, e ci
auguriamo che abbiate ottenuto gli strumenti necessari
per rendere questo viaggio emozionante e gratificante.